# MÉMOIRE
## SUR
## LES IMPOSITIONS,

Lu à l'Assemblée Provinciale de l'ORLÉANOIS.

1788.

# DISCOURS PRÉLIMINAIRE.

DES considérations d'un ordre supérieur n'ont pas permis que ce Mémoire fût joint au Procès-verbal de l'Assemblée, & je n'ai pas insisté contre les raisons qui lui ont fait refuser cette place honorable : je l'imprime, parce que je crois qu'il contient des vues utiles & justes, & je l'imprime tel qu'il a été lu, avec ses imperfections, ses incorrections, peut-être avec ses erreurs, parce que je ne crois plus avoir le droit de le changer. Je ne mettrois pas d'autres idées à la place de celle qu'il contient; quant au style, je n'y retoucherois que par amour-propre, ce qui n'en vaut pas la peine. Mais je dois compte des motifs qui me déterminent à le publier. Lorſque je fus chargé de cette partie (*les Tailles*), j'y arrivai abſolument neuf, ſans idées & ſans préjugés. Cette diſpoſition de l'eſprit eſt un avantage, c'eſt la premiere condition pour la recherche de la vérité; tout ce méchaniſme de l'Impôt n'eſt compliqué que dans la pratique; vouloir attaquer en détail & ſéparément ſes abus, c'eſt prétendre abattre l'une après l'autre les têtes de l'hydre; la théorie eſt plus facile à concevoir : on voit au premier coup-d'œil qu'elle ſe réduit en un principe ſimple & commode, l'*arbitraire*; celui qui n'eſt jamais obligé de rendre raiſon de ce qu'il fait, eſt bien sûr d'avoir toujours raiſon.

Je pensai donc, que pour donner à l'Impôt une base juste & sûre, il falloit remonter au premier principe des choses, établir d'abord la nature de l'Impôt en général, qui n'est, & ne peut être qu'une représentation des besoins de l'Etat ; & sa quotité une fois fixée, chercher ensuite les principes de sa Répartition : ils ne peuvent être autres, qu'une juste proportion entre cette quotité, & les facultés de chaque contribuable ; il ne reste plus qu'à connoître quelles sont ces facultés, & quelle doit être cette proportion. J'ai cru voir alors dans l'établissement des Assemblées Municipales un moyen simple & sûr de connoître les facultés individuelles de chacun, parce qu'alors l'intérêt particulier étant qu'aucun contribuable n'échappe, l'intérêt général de tous ſe trouve compoſé de l'intérêt particulier de chacun, ainſi que je l'ai développé au troiſieme Chapitre; quant à la proportion de la quotité fixée, avec ces facultés, j'ai cru devoir établir une proportion progreſſive, qui fît monter la taxe plus qu'en raiſon ſimple des revenus, ainſi qu'il eſt expliqué au même Chapitre. J'ai poſé ce principe, parce qu'en fait de principes, la ſeule juſtice ſtricte & étroite doit être ſcrupuleuſement conſultée, mais dans l'application pratique de ces mêmes principes, la juſtice eſt ſouvent obligée de s'adoucir & de s'altérer à l'aſpect des convenances humaines, de ſe laiſſer ramener à la meſure des Inſtitutions civiles, & de les faire entrer dans ſa balance à côté de ſes poids &

de ſes meſures ; ainſi lorſque j'ai dit que celui qui a 100 devoit payer plus que dix fois plus que celui qui n'a que dix, j'ai dit ce que je devois écrire, & j'ai motivé cette vérité : j'ai bien ſenti en même temps qu'elle étoit plus ſpéculative que pratique, & l'exécution la meilleure ſeroit ſeulement celle qui s'en éloigneroit moins : mais ce qui eſt d'une vérité d'un ordre eſſentiel & inaltérable, pour procéder ſans une injuſtice manifeſte, c'eſt la néceſſité de diſtribuer l'impôt, de maniere que toutes les différentes eſpeces de propriété en ſoient atteintes, afin qu'aucune ne s'exemptant aux dépens d'une autre, aucune auſſi ne ſoit ſurchargée par l'exception d'une autre ; & c'eſt ſur cette baſe que porte tout le travail que je donne ici.

## DIVISION GÉNÉRALE.

CHAPITRE I. *Etat actuel.*

CHAP. II. *Inconvéniens de l'état actuel.*

CHAP. III. *Moyens d'y pourvoir.*

CHAP. IV. *Tableau imprimé à envoyer aux Départemens, & par eux, aux Municipalités, pour établir une base d'Imposition uniforme, & y joindre l'instruction nécessaire pour éclairer les Municipalités.*

# MÉMOIRE
## SUR
# LES IMPOSITIONS.

## CHAPITRE PREMIER.

*Etat actuel.*

» LE Brevet général qui contient le montant des Impositions sous la triple Division de Taille, Impositions accessoires de la Taille, Capitation & Impositions établies au marc la livre de la Capitation est arrêté au Conseil ».

» L'extrait ponr chaque Généralité est envoyé à M. l'Intendant, à qui la répartition du montant total des Impositions de la Généralité est confiée ».

» L'Etat de Répartition par Election est ensuite envoyé au Conseil, qui fait expédier pour chaque Election une Commission, & qui ordonne de procéder à la Répartition par Paroisses ».

» Lorsque cette Répartition est approuvée par le Conseil, M. l'Intendant en envoye la Note aux Officiers de l'Election, pour procéder au travail préparatoire du Département : ce travail préparatoire, qui a pour objet la Répartition des Impositions par Paroisses, est fait 1°. par les Officiers de l'Election, 2°. par les Receveurs particuliers, 3°. enfin par le Subdélégué ».

» Lorsqu'il est rédigé & signé, il est envoyé à M. l'Intendant, qui fait expédier pour chaque Paroisse une Commission ».

» Ces Commissions adressées aux Collecteurs présentent le montant des Impositions, dont la répartition individuelle leur est confiée ».

» Les taxes d'office, c'est-à-dire, les cottes, établies pour le principal de la Taille seulement, ensuite des Commissions sont accordées à ceux qui jouiſſent de ce privilége, en vertu des Loix enregiſtrées, tels que les Gardes-Etalons, les Officiers des Greniers à ſel & des Maîtriſes des Eaux & Forêts : les Syndics des Paroiſſes jouiſſent de la même prérogative, mais elle ne leur eſt accordée que par un ſimple Arrêt du Conſeil ».

*Rôles d'Office.*

» Lorſqu'une Paroiſſe ſe trouve dans l'impoſſibilité d'établir ſon impoſition, & d'en faire la répartition avec la meſure néceſſaire, M. l'Intendant commet alors un Commiſſaire, ordinairement pris parmi les Officiers de l'Election : ce Commiſſaire ne doit avoir aucune prépondérance, & ne doit que guider les Collecteurs dans l'application des principes ».

# CHAPITRE II.

## *Inconvéniens de l'Etat actuel.*

IL eſt facile de reconnoître par cet expoſé ; que la multiplicité des Réglemens qui, pour la plupart ſe contrarient, jette une obſcurité dans les opérations qui, par leur nature & leurs objets, doivent au contraire être ſimples, claires & uniformes ; que les Collecteurs n'ont jamais, ou très-rarement énoncé dans leur rôle les exploitations, tenures, facultés & induſtries de chaque contribuable ; en ſorte qu'il étoit impoſſible de juger ſi ſon impoſition étoit bien ou mal aſſiſe. Les Collecteurs n'ont aucun égard aux différentes natures du ſol d'une même Paroiſſe, ni au changemens qui ſouvent ſurviennent dans les exploitations ou dans les facultés, d'où naît une multitude de procès qui ruinent la campagne, malgré les précautions qui ont été priſes par la Déclaration du Roi, du

23 Avril 1778, concernant la forme de procéder en matiere de Taille; en effet il n'eſt point rare qu'il en coûte dix écus ou 40 liv., pour obtenir une diminution de 10 ou 12 liv. Le malheureux paye ſouvent une Impoſition injuſte, plutôt que de ſe plaindre, parce qu'il ſait que les formalités à remplir ne feroient qu'aggraver ſes maux ».

» On peut ajouter que la Taille perſonnelle n'eſt point répartie ſuivant les regles de l'équité, & que même, dans un très-grand nombre de Paroiſſes, on ne connoît pas de taille perſonnelle, de maniere que l'Impôt tombe uniquement ſur l'exploitation & le Cultivateur qui paye 9 & 10 ſols pour livre de ſon fermage, tandis qu'un Particulier aiſé, qui jouit de ſon revenu ſans ſe livrer à aucune exploitation, n'eſt impoſé qu'à une modique ſomme de 3 liv. ou 4 francs; il feroit facile d'en fournir pluſieurs exemples ».

» L'avidité de certains propriétaires qui font valoir à moitié, eſt encore la cauſe de la miſere des contribuables. Pluſieurs retirent la totalité du produit de leur terre, & ne laiſſent rien au Cultivateur pour vivre & acquitter ſes Impoſitions. Le Collecteur double l'Impoſition de celui qui eſt plus en état de payer, & diminue celui chez lequel il ne trouveroit aucun gage de ſon Impoſition, s'il étoit obligé de lui faire vendre ſes effets, afin de perdre moins ſur le taux de taille».

Le privilége accordé au Clergé, à la Nobleſſe, aux Officiers des Cours ſouveraines & autres, de faire valoir en exemption de Taille, a été confirmé par l'Edit de Juillet 1766 : mais il eſt des formalités à remplir, ſans leſquelles il eſt impoſſible d'opérer la diminution ſur la Paroiſſe dans laquelle s'exerce le Privilege ; conſéquemment cette Paroiſſe ſe trouve ſurchargée.

La Répartition reçoit encore des entraves, par la Déclaration du Roi du 17 Février 1728, ſuivant laquelle les contribuables ont la facilité de ſe faire impoſer dans le lieu de leur domicile, pour des terres qu'ils tiennent ſur d'autres Paroiſſes de la même Election. Les inconvéniens de cette Déclaration, & les frais auxquels elle entraîne, ont été si bien reconnus, qu'elle avoit été supprimée par une autre Déclaration du 7 Février 1768, mais les circonstances n'ont pas permis alors d'étendre l'effet de cette derniere Loi à toutes les Généralités du ressort de la Cour des Aides de Paris : elle s'est bornée à la seule Généralité de Paris ».

## CHAPITRE III.

### *Moyen d'y pourvoir.*

POUR prévenir tout arbitraire dans la répartition de l'Impôt, il seroit à desirer que l'on pût former un tableau de tous les différens objets de matiere imposable, depuis les biens fonds jusqu'aux propriétés mobiliaires, que ce tableau servît de base, &, pour ainsi dire, de Dictionnaire aux Municipalités, pour y trouver énoncés tous les articles, par où le contribuable devroit être justement atteint par l'Impôt, tellement que le plaignant, pour s'aſſurer de la juſte proportion de ſa cotte particuliere, n'eut rien autre choſe à faire, que de vérifier ſur le rôle de ſa Paroiſſe s'il eſt véritablement poſſeſſeur des objets pour leſquels il auroit été impoſé. Ce Tableau une fois formé, il s'agiroit de donner un prix de taxe à chaque choſe impoſable, & de former ainſi un Tarif d'Impôt, comme il en exiſte un pour les Fermes & Octrois; mais il eſt évident que chaque choſe ayant une valeur différente dans chaque Election, dans chaque Paroiſſe même, où la diſtance d'une lieue, ou bien une variété de ſol donne à chaque objet une différente valeur; il eſt évident, dis-je, qu'un Tableau uniforme, qui pourroit s'appliquer à tous les pays, quant aux matieres impoſables qui y ſeroient énoncées, ne conviendroit peut-être pas à deux Paroiſſes, quant à la valeur de chaque choſe impoſable qui y ſeroit compriſe; ce ne pourroit donc être que par une opération, faite dans chaque Paroiſſe par la Paroiſſe elle-même, que l'on parviendroit à former

un

un Tableau commun à toutes les Paroiſſes ; un Tarif particulier, applicable à chaque Paroiſſe ; & cela même feroit un avantage, d'après le grand principe, que l'on n'eſt jamais mieux jugé que par ſes pairs. Car alors l'intérêt général étant qu'aucun intérêt particulier ne prévale, chacun feroit à la fois juge & partie ; & tout ſe trouvant déterminé contradictoirement par tous, il en ſortiroit le réſultat le plus juſte que l'on puiſſe attendre du jugement des hommes.

Lors donc que l'on auroit envoyé à chaque Municipalité le Tableau commun des matieres impoſables, ce feroit la Municipalité elle-même, aſſiſtée d'un certain nombre de Propriétaires notables, choiſis par la Communauté aſſemblée, qui procéderoit à la fixation de chaque objet énoncé dans le Tableau ; & cela, d'après les circonſtances de ſa localité particuliere, & en prenant pour baſe le total de ſes contributions, maintenant énoncées ſous les différentes dénominations de Taille, accessoires de la Taille & Capitation taillable.

Ainsi un village, qui auroit au total de ses Impositions une somme de six mille livres, donneroit une valeur à chacun de ses objets imposables, de maniere à atteindre une somme de six mille livres : le modele d'un de ces Tableaux sera joint à la fin de ce Mémoire, & rendra cette forme de répartition sensible.

Un des principaux avantages de cette méthode (1), si elle étoit adoptée, seroit d'avoir toute l'utilité des Cadastres, sans en avoir les inconvéniens, qui sont la publicité & l'inquisition des fortunes. Pour cela les Communautes seroient authenti-

(1) L'Assemblée a reçu des ouvertures sur le projet de lui donner toutes les impositions directes, par un abonnement général, en lui abandonnant ainsi tous les moyens de perception. Ce traité bien stipulé & bien exécuté seroit susceptible de procurer de grands avantages à la Province; & le Tableau que je propose pourroit alors tenir lieu de toutes les dénominations d'impôt connues aujourd'hui, en les réduisant tous à une taxe unique, facile à percevoir par les Municipalités, & facile à verser par les Départemens.

quement autoriſées à ne donner aucune comunication par écrit de leur travail intérieur, à en tenir l'original dépoſé au Greffe de la Communauté, ſous autant de clefs qu'il y auroit de membres à la Municipalité. Cette précaution, qui paroît d'abord exceſſive, eſt abſolument néceſſaire pour aſſurer la vérité du travail; car ſi les Communautés croient que leurs opérations peuvent devenir un Cadaſtre public de leurs biens, elles ne s'attacheront qu'à en diminuer la valeur aux yeux de l'autorité; & bientôt on n'aura plus pour réſultat de leur travail, qu'un réſultat faux & illuſoire, auquel il ſeroit injuſte de ſe livrer pour des opérations ultérieures. Nous verrons bientôt que les opérations ſubſéquentes, pour égaliſer entre elles les Paroiſſes & les Elections, peuvent ſe faire ſans toucher au ſecret des fortunes particulieres, & par les moyens plus ſimples & moins diſpendieux, que des reconnoiſſances & des vérifications forcées, ou des déclarations toujours fautives : revenons.

Chaque Municipalité ayant établi contradictoirement *entre soi* le tarif du Tableau des matieres imposables qui leur auroit été envoyé, toute cette année se passeroit à recevoir les observations, objections, difficultés qu'elles auroient à y opposer ; car il faudroit s'attendre que, soit impéritie, soit intérêt personnel, mille difficultés, mille objections s'éléveroient. L'arbitraire est une chose trop douce à exercer, pour qu'il soit facile de le détruire ; ce ne seroit donc qu'après avoir revu, corrigé ce Tableau, après l'avoir modifié, en raison de toutes les observations qu'il auroit pu subir, après y avoir fait peut-être tels changemens, dont les localités seroient susceptibles, que l'on pourroit l'avoir rendu assez parfait, pour qu'il pût être mis en exécution. Il seroit essentiel qu'il fût employé en même temps dans toutes les Paroisses. Les tentatives que l'on fait ordinairement sous le nom d'essais, laissant à leur suite une sorte de méfiance & d'incertitude de la part de celui qui exécute, en même temps qu'elles éveillent & donnent des forces à l'opposition.

Le Tableau discuté que je joins ici, donnera d'abord le nom de chaque matiere imposable ; à la colonne d'*Observations*, toutes les raisons qui motivent chaque article. La colonne *Taxe* reste vuide pour être remplie dans chaque Municipalité.

Je demande une attention un peu suivie. Les idées générales & même abstraites ne sont pas fausses, pour cela même qu'elles sont abstraites. Elles peuvent être obscures : mais l'obscurité ne tient pas contre la raison, l'attention, & sur-tout, s'il étoit possible, contre le dépouillement de certains préjugés, que leur antiquité a consacrés, mais que des temps plus éclairés peuvent attaquer & détruire.

| MATIERE IMPOSABLE. | TAXE. | PRINCIPES DE LA TAXE. |
|---|---|---|
| L'homme. | o. | |

# OBSERVATIONS.

## MAXIMES GÉNERALES.

### PREMIERE MAXIME.

Le citoyen ne doit rien pour ſon exiſtence; il ne doit à l'Etat que pour ſes propriétés.

### SECONDE MAXIME.

Celui qui n'a point de propriétés, ne doit rien à l'Etat.

### TROISIEME MAXIME.

Le bras & les forces de l'homme ſont une partie de ſon exiſtence, & ne ſont pas une propriété, à moins que l'induſtrie ne développe & n'y ajoute une valeur nouvelle (1). Ainſi l'on voit que je voudrois réduire les dénominations de la Taille à celle

(1) On a objecté que ce ſyſtême, qui fait porter l'Impôt également ſur toutes les propriétés, nuiroit aux droits des Privilégiés, & les confondroit avec les taillables,

Sans diſcuter ici les privileges pécuniaires, en fait de contributions légales aux charges publiques, on peut ob-

| MATIERE IMPOSABLE. | TAXE. | PRINCIPES DE LA TAXE. |
|---|---|---|
| L'homme. | o. | |

de Taille réelle & Taille induſtrielle, l'une portant ſur toutes les propriétés qui ſont repréſentées par des fonds ou par des rentes, l'autre portant ſur le produit des facultés de l'homme miſes en actions par l'induſtrie, commerce, manufacture, arts, métier, &c.

Je propoſe donc par cette diviſion l'aboliſſement d'un ancien impôt, connu ſous le nom de *Taille perſonnelle*, duquel on ne trouveroit l'origine que dans les annales de notre antique féodalité, impôt injuſte, humiliant, qui fait payer l'homme pour ſon droit d'exiſtence & de vivre, impôt qui ôte à celui qui n'a pas (1), & qui

ſerver que, ſous le régime actuel, les Privilégiés payent réellement pour toute exploitation qu'ils font par leurs fermiers; que l'exploitation qu'ils ont droit de faire par euxmêmes, en exemption de taille, eſt bornée à une certaine quantité de terres, qu'ainſi il ſeroit aiſé de leur paſſer en franchiſe la même quantité.

(1) *Qu'il n'y a de ſujet à l'Impôt dans les facultés du citoyen, que ce qui excede ſes beſoins de premiere néceſſité.* J'ai lu avec ſatisfaction ces lignes dans le Procès-verbal de l'Aſſemblée de Rouen.

| MATIÉRE IMPOSABLE. | TAXE. | PRINCIPES DE LA TAXE. |
|---|---|---|
| L'homme. | 0. | |

rappelle ce mot que nous avons entendu, & qui mérite d'être consacré, que le Pauvre *semble n'exister que pour la patrie, tandis que la patrie semble ne pas exister pour lui, qu'il ne la retrouve que lorsqu'elle a besoin de lui, jamais lorsqu'il a besoin d'elle.* Ainsi plusieurs provinces de la France ne connoissent pas cette dénomination pénible de Taille personnelle; ainsi les Loix Romaines avoient dispensé de tout impôt, même de toute charge publique ceux qui ne possédoient rien dans l'Etat; ils étoient exclus, plutôt que dispensés, du droit de porter les armes, & de voter dans les affaires publiques; mais en cela je ne pourrois penser comme ces Loix. On n'est pas citoyen par ses richesses, on l'est par son existence; & tout être doué de facultés raisonnables a, par sa seule existence, le droit de prendre part aux intérêts de la société dont il fait partie.

| MATIERE IMPOSABLE. | TAXE. | PRINCIPES DE LA TAXE. |
|---|---|---|
| PROPRIÉTÉS en général. | | |

## OBSERVATIONS.

TOUTE Propriété doit à l'Etat : mais elle doit à raiſon de ſon importance. Le néceſſaire étroit, celui qui ne conſiſte que dans un toît & du pain, doit bien peu : il ne doit que pour la protection publique qui lui aſſure la tranquillité de cette propriété indigente, mais le ſuperflu doit dans une autre proportion : il doit d'autant plus, qu'il s'éloigne plus du ſimple néceſſaire ; ainſi il eſt juſte que celui qui a cent, paye dix fois plus que celui qui n'a que dix ; car il eſt juſte de contribuer en raiſon de ſes facultés : mais les facultés croiſſent plus qu'en raiſon ſimple, comme 1, 2, 3. Il eſt clair qu'un propriétaire qui a cent mille livres de rentes, doit plus que dix propriétaires qui auroient chacun dix mille livres de rentes ; car il raſſemble certainement ſur ſa tête plus de ſuperflu qu'il n'y en auroit dans dix familles qui ſe partageroient ſon revenu : cette proportion n'eſt pas nouvelle ; elle

| MATIERE IMPOSABLE. | TAXE. | PRINCIPES. DE LA TAXE. |
|---|---|---|
| PROPRIÉTÉS foncieres.<br><br>Habitation. | A raiſon du nombre d'eſpaces.<br><br>Ainſi pour un eſpace. . . . . . . «<br><br>Pour 2 eſpaces un tiers en ſus.<br><br>Et ainſi juſqu'à dix eſpaces, paſſé leſquels le taux croîtra de moitié, & paſſé cinquante eſpaces le taux doublera. | Toute cette forme a déjà été en uſage dans l'Election de Dourdan. Mais n'en ayant eu qu'un rôle pour une ſeule Paroiſſe, je n'ai pu ſavoir la valeur partielle du Tarif de chaque objet. |

## OBSERVATIONS.

est suivie dans la forme d'Imposition du Clergé & dans l'assiette de la Capitation de plusieurs villes ; nous la suivrons en la mitigeant dans l'ordre du Tableau.

Ainsi en commençant par la propriété la plus nécessaire à l'homme, celle d'une habitation, elles seront divisées par la mesure, connue sous le nom d'*espace*, qui veut dire la distance d'une poutre ou ferme à l'autre, cette distance étant à-peu-près la même partout, parce que la longueur des bois la commande, serviroit de mesure générale.

Cette maniere d'imposer atteindra naturellement les maisons de luxe & de commerce, telles que manufactures, usines, auberges, qui nécessitant un grand terrain se trouveroient imposées, non-seulement à raison de la surface qu'elles occupent, mais encore en raison de leur produit.

On n'excepteroit de cette imposition que les bâtimens destinés aux usages de l'agriculture, telles que granges, écuries,

| MATIERE IMPOSABLE. | TAXE. | PRINCIPES DE LA TAXE. |
|---|---|---|
| PROPRIÉTÉS foncieres. | | |

*Observation*

étables, bercail, parce que ces bâtimens doivent être plutôt regardés comme inſtrumens néceſſaires, que comme propriétés.

Il y auroit ſans doute auſſi beaucoup de conſidérations locales qui, ſans changer l'ordre du Tableau, apporteroient une grande différence dans celui de la Taxe; ainſi dans les villes, la Taxe de chaque *eſpace* ſeroit fort ſupérieure à la Taxe par eſpece dans les campagnes : mais cela même, loin d'être un inconvénient, auroit l'avantage de reporter ainſi, par une opération commune, ſur la propriété la plus conſidérable des villes, tous les objets de Matieres impoſables qui ne s'y trouveroient pas, tels que champs, prés, beſtiaux, &c.

Je penſe auſſi qu'une fois la Taxe locale déterminée, il ſeroit néceſſaire qu'elle fût toujours payable par l'habitant actuel, ſoit qu'il fût propriétaire, ſoit qu'il fût locataire, en leur laiſſant le ſoin de s'arranger entr'eux, ce qui arrivera toujours :

| MATIERE IMPOSABLE. | TAXE. | PRINCIPES DE LA TAXE. |
| --- | --- | --- |
| PROPRIÉTÉS foncieres. | | |

OBSERVATIONS.

une fois le principe établi étant bien connu, cette regle ſimplifieroit la perception; & la ſimplifier, c'eſt en diminuer les frais.

---

Nous allons maintenant, en ſuivant la même marche, rechercher la matiere impoſable la plus rapprochée des premiers beſoins de l'homme, les animaux qui partagent avec lui le labeur, & les fruits de la terre qu'il cultive; & d'après le principe que j'ai établi, que le néceſſaire ne doit que peu, & ſeulement pour la protection publique qui lui en aſſure la poſſeſſion tranquille, j'ai ſuivi pour la taxation des beſtiaux le même principe des progreſſions : ainſi l'on voit que 2 payent le double du nombre 1, 3, payent le quadruple; 4, huit fois plus, ainſi de ſuite ; & cela établit naturellement la proportion entre celui qui, faiſant du bétail un objet de commerce, en tient un plus grand nombre, & celui qui n'en fait qu'un inſtrument de travail ; & cela eſt encore juſte, puiſque l'un a une

| MATIERE IMPOSABLE. | TAXE. | PRINCIPES DE LA TAXE. |
|---|---|---|
| PROPRIÉTÉS foncieres. | | |
| BÉTAIL. | | |
| Bœufs. | Pour une paire....« Pour 2, le double... Pour 3, le quadruple. Pour 4, huit fois plus; passé ce nombre, on diminuera le tiers sur le produit de la progression; & passé dix paires, on diminuera moitié. | |

occupation de premiere néceſſité, qui eſt l'agriculture ; & l'autre ſe livre à une occupation mercantile, qui eſt plus un objet de gain & de profit pour lui qu'un objet de premiere néceſſité publique. On objectera peut-être, qu'en faiſant ainſi porter l'impôt ſur les beſtiaux, c'eſt s'expoſer à en arrêter l'augmentation ; mais il faut penſer, 1°. que l'impôt étant ainſi diſtribué nominativement ſur toutes les différentes matieres impoſables, devient trop léger ſur chacune, pour pouvoir influer ſur l'intérêt particulier ; 2°. que la proportion progreſſive qui y eſt établie, fait que cet intérêt augmentant en raiſon de l'augmentation de l'impôt, reſte toujours en équilibre avec lui : ainſi, en ſuppoſant que la taxe ſur les bêtes à laine ſoit de 5 ſols pour dix têtes, celui qui trafiquera ſur cette denrée, & qui en aura cinq cents, payera une ſomme conſidérable, tandis que le Cultivateur qui n'en a qu'une quantité proportionnée à ſa culture, 40

| MATIERE IMPOSABLE. | TAXE. | PRINCIPES DE LA TAXE. |
|---|---|---|
| vache ~~Bêtes à laine.~~ | Pour une ~~paire~~. . . . « Pour 2, le double. . . Pour 3, le quadruple. Pour 4, huit fois plus. le reste dans la même proportion que ci-dessus. | |
| Betes à laine | Pour 10 têtes. . . . . « Pour 20, le double. . Pour 30, le quadruple . . . . . . . . . . . . . ainsi de plus, & dans la même proportion que ci-dessus. | |
| Chevres. | Pour une. . . . . . . . « Pour 2, le double. . . le reste, *idem.* | |
| Porcs d'engrais. | *Idem.* | |
| Chevaux. | *Idem.* | |
| Bêtes azines. | *Idem.* | |

## OBSERVATION.

ou 50, ne payera qu'une somme modique ; 25 ou 30 sols. Il en est de même du bétail employé à la culture. Cette proposition a effraié ; & je crois, parce qu'elle n'a pas été bien entendue. Il n'est nullement question d'une taxe isolée, exclusive, qui comprenant cette précieuse propriété séparément, exposeroit à voir les soins & les facultés se porter sur une autre branche exemptée. L'avantage du Tableau de matiere imposable que je propose, est d'atteindre toutes les branches à la fois, & ainsi de ne peser sur aucune ; de plus on ne voit dans ce Tableau ni le taureau ni la genisse, l'une matiere productive, l'autre matiere produite, & toutes deux respectées. Ce n'est que la matiere travaillante, pour ainsi dire, que j'impose, & encore très-légerement, comme travail d'agriculture, mais plus directement comme matiere de commerce ; ainsi ce n'est précisément que la consommation qui est imposée, & non la réproduction : c'est

| MATIERE IMPOSABLE. | TAXE. | PRINCIPES DE LA TAXE. |
|---|---|---|
| Volaille. | Pour 10 têtes.....« <br> Au-dessous.......0 <br> Le reste dans la même proportion. | |

celui qui achette pour revendre, qui se trouve imposé, & non celui qui éleve & qui nourrit. C'est le consommateur qui est soumis à la taxe, & non pas le cultivateur. Il ne seroit pas plus vrai de dire, que l'industrie sera gênée par cette sorte d'impôt, qu'il ne le seroit de dire, que le droit d'octrois, que les Bouchers payent à l'entrée des villes, s'oppose à la multiplication de l'espece. Je ne craindrois même pas de supprimer cette légere taxe sur le bétail de culture, [ qui d'ailleurs se trouve ôtée des fonds territoriaux du cultivateur, ] je ne craindrois pas, dis-je, de faire une exception pour les bestiaux employés aux labours, si la nécessité d'avoir des loix générales & uniformes n'y obligeoit ; car alors comment prévenir la fraude de celui qui, sous prétexte d'une très-petite culture, feroit un très-grand commerce de consommation ?

Enfin, si aujourd'hui la portion d'impôt, que paye l'exploitation d'une char-

| MATIERE IMPOSABLE. | TAXE. | PRINCIPES DE LA TAXE. |
| --- | --- | --- |
| PROPRIÉTÉS foncieres. | | |

rue, eſt de 20 liv. pour tant d'arpens, elle ſera encore de 20 liv., puiſqu'il n'eſt pas queſtion d'augmenter le tribut; ſeulement elle ne ſera que de 18 liv. pour la terre, & 2 liv. pour le bétail; & cela uniquement afin que celui qui n'ayant qu'une charrue, auroit trois fois le bétail néceſſaire à l'exploitation de cette charrue, & feroit ainſi de l'excédant un pur objet de trafic, ne puiſſe pas ſe faire confondre avec le premier, & enfin encore parce que même cette taxe ſur le trafic n'eſt pas aſſez forte pour balancer le gain qui en réſulte. Il payera plus que celui qui ne trafique pas, mais il ne payera pas aſſez pour être éloigné de ſon occupation.

Je n'entends ici par Propriété fonciere, que tout ce qui eſt le produit annuel de la terre, & non pas tout ce qui tient au ſol. Ainſi je rangerai dans l'article qui concernera l'induſtrie, ou la taille induſtrielle, tout ce qui eſt le produit d'un ſol travaillé

| MATIERE IMPOSABLE. | TAXE. | PRINCIPES DE LA TAXE. |
| --- | --- | --- |
| PROPRIÉTÉS foncieres. Terres en valeur. | | |

par l'induſtrie, & acquérant ainſi une valeur factice au-deſſus de la valeur réelle de l'eſpace de terrein qu'elle occupe. Ainſi tout ce qui eſt uſine, forge, fourneau, fours, moulin, manufacture, je ne le regarderai pas comme propriété fonciere; & je ne donne ce nom qu'aux propriétés qui ſont repréſentées par la terre miſe en valeur par la culture.

Et cela eſt d'autant plus juſte, que le retour annuel des produits de la terre étant plus ſujet à une variation, que le retour des produits de l'induſtrie, il eſt juſte d'y avoir égard, & encore parce que la diſtinction que nous avons faite entre les objets de premiere néceſſité & les objets de ſeconde néceſſité ou de ſuperflu, va naturellement ſe retrouver claſſée par cette diviſion.

D'après ce principe, il eſt juſte de diſtinguer parmi les propriétés foncieres celles qui ſont de néceſſité premiere, d'avec celles qui ſont d'utilité ſeulement, & de

| MATIERE IMPOSABLE. | TAXE. | PRINCIPES DE LA TAXE. |
|---|---|---|
| Terres à bled. | Premiere qualité...«<br>Seconde qualité.....<br>Troisieme qualité...<br>Quatrieme qualité..<br>&c. Autant de qualités différentes que la nature du terrein l'exigera. | |
| Terres à menus grains, seigle, avoine, & graines rondes. | Premiere qualité...«<br>Seconde qualité.....<br>Troisieme qualité...<br>Quatrieme qualité..<br>&c. *idem*. | |
| Prés & chenevieres. | Premiere qualité...«<br>Seconde qualité....<br>Troisieme qualité...<br>Quatrieme qualité...<br>&c. *idem*. | |
| Vignes. | Premiere qualité...«<br>Seconde qualité....<br>Troisieme qualité...<br>&c. *idem*. | |

diſtinguer encore celles-ci de celles qui ſont d'agrément & de luxe. J'entends s'élever la voix impoſante du privilege & de la prérogative ; mais je lui répondrai : Qu'eſt-ce qu'une répartition plus égale ? N'eſt-ce pas un bienfait ; & ſi vous avez accepté le titre de bienfaiteur, avez-vous cru qu'on puiſſe l'être ſans ſacrifice ? A la prérogative fâcheuſe de retenir, ajoutez-en une plus grande, celle de donner ; & s'il falloit parler à l'intérêt, je lui dirois encore : Songez que vous allez ajouter à votre force la force de tous les bras que vos bienfaits auront vivifiés. On voit donc ici à la colonne *Taxe*, que j'ai donné aux terres de jardins, de parc, d'enclos de luxe & d'agrément, une valeur ſupérieure à celle des meilleures terres de culture, parce que s'il eſt juſte que le néceſſaire paye à l'Etat ſa poſſeſſion tranquille, il eſt juſte que l'aiſance lui paye ſes jouiſſances douces & paiſibles, & plus juſte encore, que la richeſſe lui paye ſes jouiſſances

| MATIERE IMPOSABLE. | TAXE. | PRINCIPES DE LA TAXE. |
| --- | --- | --- |
| Bois. | Premiere qualité... «<br>Seconde qualité....<br>Troisieme qualité...<br>Quatrieme qualité..<br>&c. *idem.* | |
| Jardins potagers & Vergers. | Quart en sus du taux des meilleures terres. | |
| Jardins de luxe ou d'agrément. | Moitié en sus du taux des meilleures terres. | |

délicieuses

délicieuſes & recherchées; leur contraſte afflige peut-être plus que nous ne penſons l'indigent, dont les plaintes ſe taiſent, mais dont la miſere nous parle.

J'avouerai même qu'en traitant de la taille perſonnelle, lorſque réfléchiſſant ſur l'impôt, j'ai ſenti ſe ſoulever en moi le ſentiment de la juſtice naturelle, en voyant l'impôt atteindre dans ſon exiſtence celui qui lui échappe faute de propriété. Je cherchois alors la compenſation du vuide que cet allégement devoit produire dans la recette; je trouvais cette compenſation dans le tribut volontaire du luxe & de la richeſſe; ce n'eſt peut-être lui demander que ce qu'elle donne : mais enfin il ſeroit grand & nouveau de la voir ſolliciter une loi, qui lui fît un devoir de ſa bienveillance; & ce premier acte de juſtice & d'élévation ſeroit un beau monument de notre exiſtence, peut-être paſſagere. S'il n'en aſſuroit pas la durée, il en conſacreroit au moins le ſouvenir.

| MATIERE IMPOSABLE. | TAXE. | PRINCIPES DE LA TAXE. |
|---|---|---|
| PROPRIÉTÉ foncière. | | |
| PROPRIÉTÉS industrielles. | | |

## OBSERVATIONS.

J'ai donc ſuivi pour les propriétés foncieres, la même proportion progreſſive que j'avois établi pour les autres objets de la matiere impoſable, mais j'ai cru devoir fixer une progreſſion moins rapide, à cauſe du reſpect qui eſt dû à leur utilité.

Après les propriétés foncieres, celles qui ſe préſentent immédiatement, ſont celles qui tenant au ſol par leur emplacement, reçoivent de l'induſtrie une valeur fort ſupérieure à la valeur réelle du terrein qu'elles occupent ; c'eſt ici que la Taille induſtrielle commence, & que commencent auſſi les difficultés; car les produits de l'induſtrie tenant ſouvent plus au talent de la perſonne qu'à la valeur du terrein qu'elle occupe, ou de la matiere qu'elle emploie, il eſt plus difficile de les ſoumettre à un tarif équitable : on a cherché à les atteindre par tous les droits, marques, contrôles, &c. tous ces moyens ont ajouté des gênes, des entraves à l'induſtrie

| MATIERE IMPOSABLE. | TAXE. | PRINCIPES DE LA TAXE. |
| --- | --- | --- |
| Propriétés industrielles. | | |

& au commerce, ſans parvenir à un ordre de choſes qui fût celui de la juſtice, parce que la juſtice ne ſe commande pas, & que l'autorité ayant toujours agi ſeule dans les répartitions, il s'eſt établi une lutte perpétuelle entre l'autorité qui preſcrit, & la foibleſſe qui obéit à regret & ſe dérobe à l'autorité : il eſt arrivé de là que, même les intérêts oppoſés ſe ſont réunis contre l'intérêt général, c'eſt-à-dire, que ces deux intérêts ayant entre les mains de l'autorité des rapports trop éloignés pour être apperçus, la fraude, loin de trouver des dénonciateurs, trouve toujours des fauteurs & des appuis dans ſes plus proches voiſins, parce que ceux-ci ne voient pas que la fraude qu'ils aident retombe ſur eux en ſurcharge ; cet intérêt eſt trop éloigné d'eux pour en être ſenti : ils n'y voient que le ſecours momentané qu'ils prêtent à la foibleſſe contre l'autorité exigeante.

Mais lorſque l'autorité, ayant abandonné les ſoins de la répartition aux intéreſ-

| MATIERE IMPOSABLE. | TAXE. | PRINCIPES DE LA TAXE. |
| --- | --- | --- |
| Propriétés industrielles. | | |

ſés eux-mêmes, l'intérêt feroit ainſi devenu direct, & que la fraude portant immédiatement en ſurcharge ſur ſes voiſins, ne les trouveroit pas aiſément pour complices, bientôt tous faiſant juſtice de chacun, chacun ſe la feroit ſoi-même; & bientôt il n'y auroit pas plus de difficultés qu'il n'y en a, pour qu'en ſortant du cabaret, chacun paye ſon écot, une fois la dépenſe commune étant connue.

Il reſte maintenant à ſavoir ſous quelle forme on impoſera cette propriété induſtrielle, dont les richeſſes ſont mobiles & varient journellement dans leur nature & dans leur valeur. D'abord il eſt clair que ce ne peut être en touchant aux matieres qu'elle emploie; car nous voilà rentrés dans tous les détails & les frais de commis, de regiſtres, &c. ce ne peut donc être que par la ſomme de profits qui lui reſtent au bout de l'année, comme fruit de ſon travail, en un mot, ce qu'on nomme le produit net de l'induſtrie; car cette

| MATIERE IMPOSABLE. | TAXE. | PRINCIPES DE LA TAXE. |
|---|---|---|
| Propriétés industrielles. | | |

ſomme étant celle qui pourvoit à ſon néceſſaire ou à ſon ſuperflu, il eſt clair que c'eſt cette ſomme ſeule qui doit à l'Etat: mais comment connoître cette ſomme? Je commence par éloigner toute idée de vérification, de viſite, de regiſtre, de production de baux; toute cette inquiſition domeſtique eſt un viol judiciaire: la ſeule vindicte publique a le droit de pénétrer dans l'intérieur de la famille du citoyen; & quand ſes fonctions l'y conduiſent, elle ſe revêt d'un appareil ſolemnel qui l'annonce, & qui prouve la néceſſité de ſes démarches: mais le ſecret des fortunes n'eſt pas d'une importance aſſez grande, pour exiger les mêmes démarches; quand il n'eſt queſtion que d'argent, la liberté civile eſt ſacrée: ce droit paſſe avant la propriété; & c'eſt la liberté du citoyen qui eſt bleſſée, toutes les fois que la force pénetre chez lui.

Reſte donc la voie de la déclaration, ſeule voie légale, & auſſi ſeule voie utile

| MATIERE IMPOSABLE. | TAXE. | PRINCIPES DE LA TAXE. |
|---|---|---|
| Propriétés industrielles. | | |

& suffisante, lorsqu'elle est soumise à la contradiction de l'intérêt particulier. Cette même déclaration est toujours fautive & incomplette, lorsqu'elle est faite au tribunal de l'autorité, parce que l'autorité, qui ne peut tout voir, tout connoître, tout atteindre, n'étant pas assez instruite pour entrer dans les détails d'une contradiction éclairée, est obligée de composer avec le contribuable; & souvent encore ses richesses entrant dans la balance du marché, le compromis se fait en raison inverse des facultés; & celui qui a le plus, obtient encore la meilleure capitulation. Mais ici toute cette influence disparoît. C'est au tribunal des co-intéressés que le procès se juge : tout est connu dans l'intérieur borné d'une Paroisse, & chacun sait que le poids qui auroit échappé à la balance commune peseroit nécessairement en partie sur lui-même.

Lors donc qu'il seroit question de pro-

| MATIERE IMPOSABLE. | TAXE. | PRINCIPES DE LA TAXE. |
|---|---|---|
| Propriétés industrielles.<br>Manufactures.<br>Uzines, telles que fourneaux.<br>Forges.<br>Fours { à chaux. à briques.<br>Verreries.<br>Moulins.<br>Papeteries.<br>Foulons. | Pour tous ces objets de matiere imposable, un *tant* pour livre du produit net, d'après la déclaration contradictoire, reçue par la Municipalité & les assistans, appelés à la formation du tarif du Tableau. | |

# OBSERVATIONS.

céder, dans la Municipalité, à la fixation de la taxe de chaque matiere imposable, tout possesseur d'un bien énoncé dans le Tableau ci-joint, tel que forge, fourneau, moulin, manufacture, seroit appelé, & feroit sa déclaration de ce qu'il retire du produit net de son bien; sa déclaration seroit reçue, examinée & contredite par tous les membres & assistans; on n'exigeroit point de lui des pieces justificatives, parce que toutes ces productions de baux & de titres ne servent qu'à faire naître la fraude, par l'usage connu des dédits secrets & des contre-lettres, & qu'en administration, il est plus intéressant qu'on ne pense, de ne pas accoutumer les hommes à se jouer de la vérité : mais on exigeroit de lui de répondre verbalement, & de résoudre les objections qui lui seroient faites. Lorsque sa déclaration seroit admise, après la discussion, toutes les voies seroient fermées aux réclamations : mais cette déclaration seroit annuelle, parce que la mobi-

| MATIERE IMPOSABLE. | TAXE. | PRINCIPES DE LA TAXE. |
| --- | --- | --- |
| Propriétés industrielles. | | |

lité de ce genre de richeſſe l'exige, & qu'il eſt juſte que, tandis que le propriétaire foncier a ſans ceſſe ſon bien à découvert, la meſure ſoit rendue égale entre le produit de la culture & le produit de l'induſtrie.

Il eſt encore à remarquer, que cette taxe induſtrielle ſeroit peu conſidérable, parce que l'induſtrie auroit déjà été atteinte par les objets de matières impoſables, qui lui ſont communs avec la culture, tels que les bâtimens & animaux ſervants à l'exploitation de l'induſtrie, & ſurtout en ſe rappellant toujours, [& cette conſidération ne doit pas ſe perdre un inſtant de vue] en ſe rappelant, dis-je, qu'il n'eſt pas ici queſtion de calculer les forces d'un pays pour trouver les ſommes qu'on peut en extraire, & celles qu'il faut abſolument y laiſſer; perſonne, je penſe, ne ſeroit tenté de cet emploi: mais qu'il eſt ſeulement queſtion de donner une répartition plus égale & plus douce à la

| MATIERE IMPOSABLE. | TAXE. | PRINCIPES DE LA TAXE. |
|---|---|---|
| Propriétés D'INDUSTRIE. | | |

somme

OBSERVATIONS.

ſomme qui en eſt extraite actuellement.

Avant de terminer cet article, il ſe préſente à traiter une queſtion.

Eſt-il néceſſaire de faire une taxe différente pour les biens poſſédés en propres, & pour les biens tenus à ferme? Je crois que non, parce que ſomme toute, ce ſera toujours le propriétaire qui payera, comme il eſt juſte. Je crois de plus, que la perception ſeroit beaucoup ſimplifiée, ſi l'on pouvoit toujours s'adreſſer au contribuable qui eſt ſur place : mais comme cette queſtion entraîneroit un grand développement, je la renvoye aux réflexions ſommaires qui feroient la ſuite de ce Mémoire, & je n'interromprai pas l'ordre du Tableau commencé.

Après les propriétés que nous avons nommé induſtrielles, viennent les produits de l'induſtrie proprement dite, celle qui ne travaille point la matiere impoſable, mais qui s'en empare, après qu'elle eſt tra-

| MATIERE IMPOSABLE. | TAXE. | PRINCIPES DE LA TAXE. |
|---|---|---|
| INDUSTRIE proprement dite, Arts & métiers. | | |

vaillée, pour en tirer un profit par le trafic; c'eſt le commerce en détail qui doit auſſi à l'Etat, puiſqu'il a un produit qui ſatisfait à ſon néceſſaire, ou qui lui procure un ſuperflu : cet article regarde principalement les villes; & tout ce qui vient d'être dit pour les propriétés induſtrielles ſe trouve placé ici. Le contribuable étant déjà atteint, à l'article *habitation*, pour le local qu'il occupe, la même méthode aura lieu pour l'atteindre dans le reſte de ſes facultés, en établiſſant contradictoirement ſa taxe avec les membres & aſſiſtans des Municipalités.

Tout ce qui concerne les arts & métiers vient enſuite; ces deux occupations de l'induſtrie ne doivent pas être confondues d'après le principe qui a diſtingué le ſuperflu du néceſſaire. Il eſt clair que le maçon & le taillandier ſont d'une néceſſité plus urgente à la ſociété, que ne peuvent être le verniſſeur & le metteur en œuvre, & qu'à ce titre les premiers ont

| MATIERE IMPOSABLE. | TAXE. | PRINCIPES DE LA TAXE. |
|---|---|---|
| Ici se range la Nomenclature de tous les Arts & Métiers, connus par leurs différentes Corporations, depuis l'Artiste, Peintre, Sculpteur, Architecte, jusqu'à l'ouvrier, le Maçon, le Serrurier, &c. | Deux journées pour les ouvriers de campagne.<br>Trois journées pour les ouvriers de villes.<br>Quatre journées pour les ouvriers de luxe.<br>*Nota* que les Maîtres ont déjà été atteints par l'emplacement de leurs atteliers. | |

droit à des ménagemens. Sans entrer dans la nomenclature détaillée de ces différentes modes de l'induſtrie, il ſeroit utile de pouvoir poſer une ligne de démarcation entre l'ouvrier de néceſſité & l'ouvrier de luxe ; cette ligne eſt aſſez difficile à poſer, parce que la nuance eſt ſouvent inſenſible de l'un à l'autre. On pourroit ſeulement poſer une baſe qui ſeroit aſſez sûre, ce ſeroit de regarder comme ouvrier néceſſaire celui qui travaille des matieres indigènes, des productions du pays, & de regarder comme ouvrier de luxe celui qui travaille des matieres étrangeres ; ainſi le maçon, le charpentier, le couvreur ſeroient des métiers néceſſaires ; & le doreur, l'ébéniſte, le verniſſeur ſeront des ouvriers de luxe ; de plus, tous les différens métiers étant rangés en corporation, ils ſe trouvent naturellement claſſés & connus : une liſte nominative devient ici inutile.

On a ſuivi pour fixer leur taxe, dans la Généralité de Paris, une marche qui pa-

| MATIERE IMPOSABLE. | TAXE. | PRINCIPES DE LA TAXE. |
|---|---|---|
| CHARGES & Offices. Toute charge & office, portant émlumens ou appointemens fixes, depuis les emplois de Judicature, jusques aux Préposés aux Droits royaux. | | Un *tant* pour livre des émolumens ou des traitemens, reconnus d'après les déclarations contredites & reçues. |

roît ſage & sûre; on réunit d'abord des ouvriers du même métier pris dans différens lieux de la Généralité, on les établit contradictoirement vis-à-vis l'un de l'autre; & du réſultat de cet examen on a formé un prix pour la journée de tel métier, d'après lequel on l'a impoſé à la valeur de trois journées. Cette marche pourroit être adoptée avec avantage; j'ajouterai qu'il paroîtroit juſte d'impoſer une journée de plus les ouvriers du luxe.

Nous avons parcouru toutes les différentes propriétés connues & faciles à connoître. Il en reſte une qui n'eſt pas de ces ordres : c'eſt la propriété privilégiée & ſecrette de ces créanciers de l'Etat, de ces capitaliſtes prévoyans, qui ont trouvé l'art de mettre leur fortune ſous la ſauvegarde du beſoin public. Sans ſemer & ſans labourer, leur récolte eſt aſſurée; ils ne craignent ni l'intempérie des ſaiſons, ni la non-valeur de la culture; & ſemblable en tout au lys de la Parabole, ils ne tra-

| MATIERE IMPOSABLE. | TAXE. | PRINCIPES DE LA TAXE. |
| --- | --- | --- |
| Rentes viageres ou perpétuelles, ne portant ſur aucun fonds, ni ſur aucun travail de commerce ou d'induſtrie. | | Un *tant* pour livre, d'après la déclaration contredite & reçue. |

vaillent point, ils ne filent pas, & font, comme lui, toujours vêtus. Toute l'adresse fiscale a échoué contre ce rocher d'or, & le Génie de nos assemblées ne doit pas entreprendre de le disputer en habileté contre le génie du fisc. Heureusement les campagnes, pour qui nous travaillons, connoissent peu ce genre de propriétaires. Les attraits du luxe les retiennent dans les villes, où leurs consommations du moins les imposent; & si quelquefois le desir de la nouveauté les ramene dans les champs, la terre, non pas cultivée, mais au moins remuée & déplacée par leur ingénieux caprice, y reçoit un tribut que la justice n'a pas encore trouvé le secret de leur imposer.

On ne peut donc, d'après le devoir que nous nous sommes prescrit, de nous défendre de toute voie d'inquisition sur les propriétés quelles qu'elles soient; on ne peut, dis-je, soumettre ces biens qu'à une déclaration contradictoire, d'après la-

| MATIERE IMPOSABLE. | TAXE. | PRINCIPES DE LA TAXE. |
|---|---|---|
| Droits de Champarts, Dîme, Cens, tous revenus territoriaux, qui ne ſont cependant que droits aſſis ſur un territoire. | | Un *tant* pour livre du produit, d'après la déclaration contredite & reçue. |

quelle ils feroient impofés, felon une proportion de tant pour livre; la même forme feroit admife auffi pour tout ce qui eft droit de champart, dixiemes, & enfin toute taxe à affeoir fur un revenu qui n'eft le produit d'aucun travail. Avant de terminer ce tableau, je dois parler d'une forme de perception fouvent propofée, toujours combattue, mais que l'expérience & le fuccès de quelques provinces doit cependant faire regarder au moins comme admiffible : c'eft la perception en nature de fruits, la province s'emploie avec avantage, & s'en loue; il feroit peut-être prématuré d'en faire une loi : mais on pourroit fans aucun inconvénient autorifer les Municipalités, qui defireroient en faire ufage; & tel eft l'avantage ineftimable de cette adminiftration populaire, que les effais & les tentatives ne peuvent avoir aucun inconvénient, parce que la liberté de choifir ayant toujours précédé le choix; & le parti auquel on s'arrête, étant auffi celui qu'on préfere, l'amour-propre eſt de moitié avec l'intérêt ; ce que l'on fait eſt auſſi ce qu'on a voulu, & tout ſe fait mieux ainſi.

D'ailleurs, rappellons-nous qu'il n'eſt pas encore queſtion ici de trouver la juſte proportion de l'impôt avec les poſſeſſions ; qu'il n'eſt queſtion que de répartir mieux & plus également, la ſomme impoſée aujourd'hui dans l'intérieur de chaque Paroiſſe. Ce ſeroit aſſez d'y parvenir pour premiere opération ; celle qui viendroit enſuite pour égaliſer de Paroiſſe à Paroiſſe, & d'Election à Election, ſuppoſe des connoiſſances préliminaires, mais fideles au reſpect que nous nous ſommes impoſé pour le ſecret des fortunes, [ & cette conſidération ne doit pas nous échapper un inſtant, elle eſt le garant de la ſûreté publique; elle eſt auſſi le gage de la vérité, qui eſt néceſſaire pour opérer avec certitude, ] fidele, dis-je, à ce grand principe, je ne propoſerai, pour égaliſer entre elles les Paroiſſes & les Elections, point d'autre moyen que celui que j'ai propoſé ci-devant, le moyen ſimple, & je crois sûr d'établir la diſcuſſion contradictoire entre les intéreſſés. Devant cette lumiere naturelle, il faut que tous les nuages de l'intérêt & de l'ignorance diſparoiſſent; la communication réciproque des pieces eſt le plus sûr chemin de la vérité en matiere contentieuſe. J'indiquerois ſeulement dans ces premiers momens la marche que je propoſerois pour égaliſer les Paroiſſes, les arrondiſſemens & les Elections, le développement néceſſaire ſeroit ſeul l'objet d'un mémoire détaillé; & ces opérations ne pouvant être que ſecondaires, ne pouvant avoir lieu la premiere année de l'impôt confié aux Adminiſtrations provinciales, il ſuffira de tracer la marche que je propoſerois de ſuivre.

Lors donc que, faute de réclamation ſuffiſante, on ſe feroit aſſuré que chaque Paroiſſe eſt ſatisfaite de ſon opération intérieure, & que la ſomme qui en eſt extraite par l'impôt eſt répartie dans cette juſte proportion, on établiroit la comparaiſon entre les Paroiſſes de chaque arrondiſſement. Pour cela, au jour & lieu indiqués dans une de ces Paroiſſes, le Syndic de chacune, aſſiſté d'un Député, nommé par la Communauté aſſemblée, ſe réuniroient & apporteroient les tableaux de taxe & les rôles de leurs Paroiſſes : là, préſidés, pour le bon ordre ſeulement, & ſans voix délibérative, par un membre de la Commiſſion intermédiaire du département, ces Députés feroient établis contradictoirement vis-à-vis l'un de l'autre, peſeroient & diſcuteroient leurs intérêts; & là, ainſi qu'au Conclave, ne pourroient ſe ſéparer, ſans avoir conclu & s'être arrangés ſur leurs prétentions reſpectives.

Que la ſimplicité de ces moyens ne les faſſe pas arquer d'inſuffiſance; les moyens ſimples ſont preſque toujours les vrais : c'eſt l'intérêt privé & la fraude qui compliquent; qu'auſſi l'impéritie des gens de la campagne ne les faſſe pas repouſſer de cette fonction : il n'eſt queſtion ici ni de la Police du royaume, ni des intérêts politiques du Cabinet; c'eſt l'intérêt perſonnel qui plaide, & nous n'avons jamais trouvé que nos métayers & nos fermiers fussent inepts à défendre leur intérêt personnel, quand ils le font valoir contre le nôtre ; ce qu'on leur demande ici n'est gueres au-dessus.

Il est encore un moyen de balancer les forces de plusieurs Paroisses, ce seroit, une fois connue, la quantité de matiere imposable qui existe dans l'un & dans l'autre, d'y appliquer une taxe commune, mais fictive, & de voir celle qui s'en éloigne le plus. Ainsi en supposant que l'on trouve la Paroisse A inférieure à la Paroisse B, en matiere imposable, & cependant supérieure au total de la taxe, il est clair que l'on peut assez probablement en conclure que la premiere est surchargée. Cette méthode a été emploiée dans la Généralité de Limoge, où M. Turgot a établi une base d'imposition par tableau à peu près semblable à celui que je propose ici.

Mais je dois observer que cette méthode de balancer les forces de plusieurs Paroisses, peut bien à la vérité former une présomption assez vraisemblable, mais non pas une certitude suffisamment éclairée pour assurer une opération définitive, parce qu'il peut se trouver telle disposition locale qui, à nombre égal, donne une plus grande valeur aux mêmes objets. Ainsi les terres de premiere qualité d'une Paroisse peuvent ne correspondre qu'à celles de troisieme qualité dans une autre; la facilité des débouchés, la plus grande ou la moindre abondance d'une espece de bétail qui en augmente ou diminue la valeur locale, sont autant de considérations qui font de cette méthode une simple probabilité, dont on peut tirer sans doute des inductions, mais non pas une certitude suffisamment éclairée.

Tel est le plan que j'ai conçu, mais non pas développé : le temps, les lumieres, les renseignemens, tout m'a manqué. J'ai cru commencer un Mémoire, & je me suis trouvé avoir entrepris un ouvrage : tel est l'avantage de toute question de bien public, qu'elle s'aggrandit dès qu'on y touche. Les idées s'élevent insensiblement à la hauteur du sujet; & les lumieres ne s'accroissent s'accroissent pas dans la même proportion. Celui qui le premier franchit les colonnes d'Hercule se trouva sans le savoir au milieu de l'Océan. Si son courage le porta en avant, la prudence le rappelloit. C'est elle que j'en crois, & je reviens : mais les lumieres, les renseignemens que je regrette, c'est des localités mêmes ; c'est des Municipalités qu'on les obtiendroit : d'elles viendroient les véritables objections & les véritables lumieres. Je demanderois donc que le Tableau ci-joint fût envoyé imprimé à chaque Municipalité, pour y être éclairé & contredit, que l'intervalle qui sépare cette assemblée de l'assemblée prochaine, fût emploié à vérifier ainsi la possibilité de ce plan. Je lui crois sur-tout un grand avantage, c'est de dispenser de toutes les reconnoissances allarmantes, de ces vérifications forcées, de ces arpentages ordonnés, toutes choses qui, j'ose le dire, sont autant d'atteintes portées aux privileges des propriétés, dont le dépôt sacré nous est plus spécialement confié qu'à tout autre. On n'a pas plus de droit de mesurer mon champ malgré moi, que de le labourer malgré moi. Que nos aſſemblées populaires ſoient la ſauve-garde & l'aſyle de ces principes. J'en ai peut-être énoncé quelques-uns, qui ne ſont pas dans la claſſe des idées vulgaires; je les ai puiſés dans des ſources plus pures que les loix de la finance & les coutumes fiſcales; j'ai puiſé dans la ſource premiere des principes immuables de la juſtice naturelle & de la raiſon humaine : j'eſpere peu que ces grandes vérités ſoient admiſes à la premiere vue; mais d'autres viendront, les répéteront, les développeront, leur donneront toute leur force : alors elles auront au moins perdu le déſavantage de la nouveauté, elles ne ſeront plus entendues pour la premiere fois ; & tel eſt l'avantage de tout ce qui eſt vrai & juſte, qu'il n'a beſoin pour être admis, que d'être reconnu pour tel. Alors on verra que la véritable diſtinction des ordres dans l'Etat, eſt la prééminence & l'importance des fonctions civiles qui leur ſont attribuées, & non des prérogatives onéreuſes aux autres ordres; que le véritable privilege du riche eſt la jouiſſance tranquille & aſſurée de ſes richeſſes : mais que ni le grand, ni le riche ne ſont diſpenſés de contribuer aux frais publics, en juſte proportion de leur fortune; que le ſervice perſonnel eſt payé par la conſidération attachée à l'emploi; qu'ainſi la dette pécuniaire reſte entiere, en raiſon des facultés pécuniaires; que les grands ſervices doivent être paiés, non par de grandes faveurs, mais par de grands honneurs; qu'un Etat vaſte, eſt Monarchique, quant à la hiérarchie des ordres, & quant à la diſtinction ſacrée des rangs : mais qu'il rentre dans l'égalité républicaine, quant à la contribution aux charges publiques; qu'enfin l'or & l'argent n'ont qu'un titre, celui qu'ils reçoivent à la Monnoie, comme valeur numéraire.

Preſſé par le tems & par la foule des idées, j'ai ébauché, & je n'ai pas achevé : mais j'en ai dit aſſez pour faire connoître l'eſprit de cette forme d'Impoſition, qui eſt de diſtribuer l'impôt ſur toutes les matieres (1) imposables, tellement que toutes les parties soient atteintes, & que, par cette subdivision de l'impôt, toutes soient atteintes assez légerement, pour ne pas altérer & affoiblir l'intérêt de chaque espece de reproduction, & ainsi ne pas s'opposer au succès d'une branche particuliere ou de commerce ou d'agriculture. Mais comme l'exemple & l'expérience sont deux grands argumens, je citerai le Limousin, & plus près de nous l'Election de Dourdan qui a eu ses rôles faits en partie selon cette forme; c'est-à-dire, en dis-

---

(1) Cette forme d'Imposition se rapproche de la Subvention territoriale, que quelques personnes regrettent : mais elle n'en auroit pas le vice, qui étoit de rendre l'Autorité co-propriétaire des biens, d'être une servitude inhérente à la Glebe, & de devenir un impôt graduel & successif, au lieu que l'Impôt n'étant par sa nature qu'une représentation des besoins de l'Etat, doit croître & décroître avec ces mêmes besoins. Ce n'est pas le Vingtieme; ce n'est pas le Dixieme qui est dû : c'est la somme représentative des besoins publics, mais avérés, mais reconnus, en passant même la comparaison d'un royaume à une ferme, dont le produit hausse avec la valeur des denrées; toujours est-il qu'une ferme ne monte que d'un bail à un autre : or ce bail national, qui peut le signer, autre que la Nation?

tribuant l'impôt ſur toutes eſpeces de propriété. Enfin je répéte encore les avantages d'une adminiſtration intérieure & vraiment populaire. Mais je ne puis finir & terminer ce trop long Mémoire (1), ſans reparler encore de l'abſolue néceſſité d'aſſurer la vérité des tarifs des Paroiſſes, en leur aſſurant le ſecret de leur opération, ſeul moyen auſſi d'aſſurer la confiance, ſans laquelle aucun moyen n'eſt bon ; il ne nous importe pas de ſavoir comment le bien ſe fait, il ne nous importe que d'être aſſuré que le bien ſe faſſe, & lorſqu'il n'y aura pas de plaignant, il n'y aura ſûrement plus d'abus.

(1) On a objecté que ce ſecret étoit contraire au principe d'adminiſtration des Aſſemblées provinciales, qui eſt la publicité des comptes : mais il y a ici un étrange abus des mots. Sans doute la publicité de la recette & de la dépenſe ſont la baſe de la fidélité : mais la publicité des fortunes eſt tout autre choſe, & n'a rien de commun avec la recette & la dépenſe, qu'en ce qu'elle pourroit ſervir à faire augmenter l'une & l'autre ; d'ailleurs la publicité exiſte pour les ſeuls intéreſſés : les habitans de la Paroiſſe peuvent tous aller conſulter le rôle. Les produits de l'Impôt doivent, comme les eaux du Nil, porter la vivification & la fertilité, mais les ſources doivent auſſi reſter cachées.

## CHAPITRE IV.

*Tableau imprimé à envoyer aux Départemens, & par eux, aux Municipalités, pour établir une base d'Imposition uniforme, & y joindre l'instruction nécessaire pour éclairer les Municipalités.*

CHAQUE Municipalité remplira la *colonne* qui reste en blanc, sous la dénomination *taxe*, & y donnera la valeur locale qu'elle aura estimé être la valeur de chaque objet de matiere imposable, selon les circonstances particulieres de son territoire & la nature de ses héritages; ainsi, par exemple, dans les paroisses, telles que la Beauce, les terres de premiere qualité auront une valeur fort supérieure aux terres de premiere qualité de Sologne. Ainsi tous les différens articles recevront un prix de taxe différent, selon qu'ils seront rares ou abondans, d'une exploitation facile, ou coûteuse, d'un produit aisé ou pénible à

# T A B L E A U

## DES MATIERES IMPOSABLES pour servir de base à la répartition de l'imposition dans la Paroisse de

| [MATIE]RE [IMPOSAB]LE. | TAXE. | PRINCIPES DE LA TAXE. | OBSERVATIONS. |
|---|---|---|---|
| E. | o | | L'Habitant qui n'aura aucune espece de propriété, ne payera aucun impôt, parce que celui qui n'a rien ne doit rien à l'Etat. |
| ÈS<br>RS. | | | |
| ON. | | A raison du nombre d'*espace*. »<br>Ainsi pour un espace... »<br>Pour deux espaces, le double en sus, & ainsi jusqu'à dix espaces, passé lesquels le taux croîtra de moitié, & passé cinquante espaces, le taux doublera. | Les Habitations seront taxées, à raison du nombre d'espaces, c'est-à-dire, la distance d'une poutre ou d'une ferme à l'autre, les bâtimens servant à la culture des terres, comme grange, étables, bercail, seront à exempter, à cause de leur utilité. |
| L.<br>S. | | Nota. *Pour la facilité des calculs, on négligera la fraction des deniers & des sols dans les livres, au profit de l'imposé.*<br>Pour 1 paire......... »<br>Pour, 2 le double.......<br>Pour 3, le quadruple.....<br>Pour 4, huit fois plus; passé ce nombre, on augmentera de moitié sur le produit de la progression, & passé neuf paires on augmentera le tiers. | Cette taxe ne doit pas allarmer les campagnes, parce qu'elle n'est faite que pour imposer le trafic & la consommation; on n'impose pas les éleves.<br>Celui qui n'a de bétail que pour sa culture, ne payera que très-peu, & encore cela lui sera ôté de ce qu'il paye pour ses terres, tandis que celui qui a un grand nombre de bétail, & qui achette pour revendre, payera en proportion du gain que lui procure son trafic, & cela à la décharge de celui qui est cultivateur. |
| S. | | Pour une vache....... »<br>Pour 2, le double.......<br>Pour 3, le quadruple.....<br>Pour 4, huit fois plus; le reste dans la même proportion que ci-dessus. | Par l'échelle de proportion ici établie, il se trouveroit, par exemple, qu'un gros cultivateur qui auroit douze paires de bœufs ou douze chevaux, payeroit 64 liv., en supposant que la taxe sur une paire de bœufs, ou sur un cheval, fût de 10 sols. |
| NC. | | Pour 10 têtes........ »<br>Pour 20, le double......<br>Pour 30, le quadruple....<br>Ainsi de suite & dans la même proportion que ci-dessus. | Mais cette somme de 64 liv. seroit en moins imposée sur ses terres, s'il avoit une culture proportionnée à ce nombre d'attelages; & tandis que celui qui auroit habituellement le même nombre d'animaux, seulement comme trafic, & sans exploitation, supporteroit la taxe de soixante-quatre livres toute entiere, puisque, par le tarif général des terres, elles auroient été généralement allégées, & qu'il n'auroit pas le gage de cette diminution; par la même échelle le pauvre cultivateur qui n'auroit que deux paires de bœufs ou deux chevaux, ne payeroit que 20 sols. |
| S. | | Pour une............ »<br>Pour 2, le double.......<br>Le reste comme ci-dessus. | |
| AIS. | | *Idem.* | |
| X. | | Un cheval pour une paire de bœufs. | |
| S. | | *Idem.* | |
| S. | | Pour 10 têtes........ »<br>Au-dessous...........o<br>dans la même proportion. | |
| S | | Premiere qualité.........<br>Seconde.................<br>Troisieme...............<br>Quatrieme...............<br>Autant de qualités différentes, que la nature du terrein l'exigera. | Les terres seront divisées en autant de qualités différentes, qu'il sera nécessaire pour les classer; & chaque Municipalité en fixera le nombre pour son compte. |

| MATIERE IMPOSABLE. | TAXE. | PRINCIPES DE LA TAXE. | OBSERVATIONS. |
|---|---|---|---|
| TERRES à menus grains. | | Premiere qualité.........<br>Seconde.................<br>Troisieme...............<br>Quatrieme...............<br>*Idem.* | Les terres de derniere qualité qui seront terres vagues & friches, ne seront pas taxées, & ne le seront pas de dix ans, si elles sont mises en valeur.<br>On n'a pas établi pour les terres la même proportion que ci-dessus: mais pour imposer avec justice le riche & le pauvre propriétaire, on établira la proportion suivante.<br>Celui qui fera valoir une charrue, payera selon le taux fixé; pour deux charrues un huitieme en sus par arpent; pour trois charrues un sixieme, & pour quatre un cinquieme. |
| PRÉS en chenevieres. | | Premiere qualité.........<br>Seconde.................<br>Troisieme...............<br>Quatrieme...............<br>*Idem.*<br>Dans la Généralité de Paris, on a distingué différentes especes de terres, depuis la valeur de 25 jusqu'à 50 *sols*. | |
| VIGNES. | | Premiere qualité.........<br>Seconde.................<br>Troisieme............... | Les vignes, qui méritent un ménagement particulier, à cause des retards de la vente du produit, se trouvent naturellement être soulagées, parce que leur culture n'exigeant point de bétail, le vigneron n'a pas cette taxe à payer. |
| BOIS. | | Premiere qualité.........<br>Seconde.................<br>Troisieme...............<br>Quatrieme............... | |
| JARDINS POTAGERS & VERGERS. | | Quart en sus du taux des meilleures terres. | Cet article est de la justice, parce que le superflu doit plus que le nécessaire, & remplacera en partie l'exemption de ceux qui se trouveroient n'avoir aucune propriété, & ne rien payer. |
| JARDINS de luxe ou d'agrément. | | Moitié en sus des meilleures terres. | |
| MANUFACTURES, USINES, telles que FOURNEAUX. FORGES. FOURS { à chaux. à briques. VERRERIES. MOULINS. PAPETERIES. FOULON. | | Pour tous ces objets de matiere imposable, un *tant* pour *livre* du produit net, d'après la déclaration contradictoire reçue par la Municipalité & les assistans, appelés à la formation du Tableau. | Dans la fixation de la taxe de cette propriété, on doit avoir égard à ce qu'elles ont déjà supporté de taxe, à cause de l'emplacement de leurs bâtimens & des bestiaux nécessaires à leur exploitation. |
| INDUSTRIE PERSONNELLE des Arts & Métiers.<br>Ici se range la Nomenclature de tous les Arts & Métiers, connus par leurs différentes corporations, depuis l'Artiste, Peintre, Sculpteur, Architecte, jusqu'à l'ouvrier, le Maçon, le Serrurier, l'Ebéniste. | | 2 Journées pour les ouvriers de campagne.<br>3 Journées pour les ouvriers de ville.<br>4 Journées pour les ouvriers de luxe.<br>*Nota.* Que les maîtres ont déjà été atteints par l'emplacement de leurs atteliers. | On suivra, pour fixer l'estimation des journées des hommes de métier, la méthode qui a été adoptée dans la Généralité de Paris: la Municipalité assemblera dans les Paroisses des campagnes & dans les villes les ouvriers de métiers différens, & leur fera établir contradictoirement entre eux la valeur d'une de leurs journées, & d'après ce qu'ils auront statué, on réglera les taux de chacun d'eux. |
| Toutes charges & offices portant émolumens ou appointemens fixes; de plus, les emplois de Judicature, jusqu'aux préposés aux droits royaux. | | Un *tant* pour livre des émolumens reconnus d'après les déclarations contredite & reçue. | La même chose se pratiquera dans les villes, pour les gens d'Arts, qui d'ailleurs en qualité de propriétaires, auront déjà été atteints par l'imposition, à cause de leur emplacement. |
| Droits de champarts, dixme, cens, tous revenus territoriaux, qui ne sont le produit que de droits assis sur un territoire. | | Un *tant* pour livre du produit, d'après la déclaration contredite & reçue. | Les charges & offices & toute espece d'emploi ou fonctions publiques, auxquels seront attachés des émolumens, seront imposées à raison d'un *tant* pour livre du produit. |

obtenir ; enfin chaque Paroiſſe conſultera ſon propre intérêt & ſes convenances particulieres, dont le réſultat doit être d'arriver à la ſomme totale à laquelle elle eſt impoſée actuellement, & de diſtribuer cette ſomme ſur toutes les facultés, de maniere qu'aucune partie ne s'exempte aux dépens d'une autre, & qu'aucune partie ne ſoit ſurchargée.

Les proportions progreſſives établies ci-après, ne ſont pas de néceſſité abſolue; elles peuvent être modifiées ſelon qu'il conviendroit mieux aux différentes localités : on pourroit même les ſupprimer, & les réduire à une progreſſion ſimple, ſans altérer le principe, qui eſt de diſtribuer également l'impôt ſur toute eſpece de propriété.

Les Paroiſſes ſeront authentiquement autoriſées à conſerver ce travail dans le ſein de leur Municipalité, & à n'en donner aucune connoiſſance au-dehors; & afin qu'elles ſoient raſſurées ſur la crainte que leur travail ne devienne un cadaſtre de leur fortune, qui pourroit un jour ſervir de prétexte à augmenter leurs impositions, le présent Tableau & les rôles qui seroient faits d'après ce Tableau, resteroient déposés au Greffe de chaque Municipalité sous trois clefs prohibitives, l'une déposée au Syndic, une au Curé & une à un Membre de la Municipalité.

---

TABLEAU.

www.ingramcontent.com/pod-product-compliance
Ingram Content Group UK Ltd.
Pitfield, Milton Keynes, MK11 3LW, UK
UKHW022123190726
13855UKWH00003B/1021